AF451406

NOS HISTORIÉNS

GUIZOT, TOCQUEVILLE, THIERS

LE COMTE DE CHAMBRUN

NOS HISTORIENS

GUIZOT, TOCQUEVILLE, THIERS

Deuxième édition

PARIS

CALMANN LÉVY, ÉDITEUR

3, RUE AUBER, 3

—

1888

AVANT-PROPOS

J'ose dire que j'ai fait le tour des connaissances humaines. Commencé en 1841[1], dans
une pension d'étudiants place du Panthéon;
après que j'ai été successivement préfet, député, sénateur, président du Conseil général
de la Lozère, ce long voyage en ce moment
s'achève dans l'un des derniers hôtels de la
maison de France, celui de la princesse
Louise-Adélaïde de Bourbon-Condé. Ma pas-
sion du jour, violente et tenace à la fois,

1. Ou même en 1833, lorsque Bordas-Demoulin et l'abbé
Augustin Sénac m'apprirent philosophiquement le catéchisme
à Ste-Barbe-Rollin.

comme celles des vieillards, est l'étude de l'histoire, depuis les origines et la création jusqu'en 1789 et aux temps actuels. Voilà plusieurs années déjà, qu'en mon état de cécité, de jeunes professeurs de l'Université de France m'en donnent chaque jour, par leurs leçons, leurs enseignements, le pain quotidien. Je suis moi-même un enfant de l'Université, et depuis que l'Académie française. . . . . je ne rencontre plus qu'à la Sorbonne les traditions et le dépôt de la science, de la raison. Mais voici que tout récemment j'ai payé mes jeunes maîtres, mes chers amis, ὦ φίλοι οὐκ ἔστι φίλοι, a dit Aristote, de la plus noire ingratitude. Aux autorités contemporaines et vivantes que sans cesse ils invoquaient, il m'a plu d'opposer les miennes, les maîtrises mortes et d'autrefois.

En une conférence qui a duré près de deux heures, après que dans des séances précédentes ils avaient loué et célébré MM. Fustel de Coulanges, Geffroy, Zeller, Lavisse, Monod, d'autres encore, j'ai entrepris l'éloge de Guizot, Tocqueville et Thiers. De là cette publication. Puis, il m'a semblé qu'elle pouvait, qu'elle devait être encadrée dans la longueur, la largeur et la hauteur (en attendant la quatrième dimension qui sans doute limitera la matière radiante du professeur Crookes). J'ai été conduit ainsi à joindre, comme une sorte de prologue et d'épilogue, mes doctrines d'ensemble, mon système général de l'histoire, ce que j'appelle d'abord sa physiologie et sa psychologie, ensuite ma théorie de l'espace et de la durée. Mais au delà du devenir, du *fieri*, il y a l'être, l'*esse;* au-

dessus des temps et des lieux, des événements, des phénomènes, des institutions et
des hommes, il y a l'immuable, l'absolu, l'iden-
tique. Historien peut-être, je suis à coup sûr
philosophe, je suis métaphysicien, et je termine par mon étude sur le maître qui, avec
Platon à sa droite et Leibnitz à sa gauche,
habite et domine constamment mon intelligence, Descartes.

Post-Scriptum. — J'allais oublier, parmi
tant de prétentions différentes, qu'il m'en
reste une dernière, c'est de tirer des ho-
roscopes à la façon de Matthieu Lænsberg.
De là les deux morceaux qui terminent tout
ce travail.

Paris, 30 septembre 1888.

PRÉFACE

LA CELLULE DU DEVENIR

I. — Lorsque j'étudie l'histoire universelle (à la façon de Bossuet, je n'en étudie jamais d'autre), je commence par établir un tableau d'ensemble que je divise en cinq parties. Elles forment les catégories, non plus de l'entendement, mais de l'activité du genre humain; les chants de cette épopée, les actes de cette tragédie; car il y a un poète qui l'emporte et de beaucoup sur tous les autres, sur David, Homère, Eschyle, Dante, Shakspeare et Corneille, c'est l'humanité.

Voici les titres simples et élémentaires de cette division du travail : 1 — les dates; 2 — les lieux; 3 — les faits; 4 — les hommes; 5 — les institutions.

De mes cinq colonnes, les deux premières s'imposent immédiatement et sont en même temps les plus faciles, les plus accessibles; il s'agit de commencer en précisant exactement la durée, puis l'espace; la chronologie, puis la géographie.

La troisième colonne est au contraire très difficile à cause de ce qui la caractérise et la marque, l'innombrable. Il convient d'établir d'abord la nomenclature avec ses répartitions. Les faits sont : politiques, administratifs, judiciaires, d'instruction publique, diplomatiques, militaires, maritimes, coloniaux, économiques ; ils sont philosophiques, religieux, littéraires, scientifiques, artistiques.

Lorsque je passe des actes aux acteurs, la difficulté, pour être différente, n'en demeure pas moins considérable. Il s'agit, en sens inverse, en face d'une numération immense, d'une dénomination restreinte et exclusive ; il s'agit, après l'analyse, de la synthèse ; il s'agit de choisir. En effet, de même que les phénomènes forment une foule, une multitude, une indéfinité ; de même les hommes. Alors je distingue d'une part les nations dont j'ai précédemment étudié les territoires, les fleuves et les mon-

tagnes, les frontières, les cités, les capitales;
et d'autre part les chefs et les conducteurs
de ces troupeaux, ainsi que dit l'Iliade; c'est
à eux surtout que je m'attache; je recherche
les papes qui ont été saints, les rois ou em-
pereurs qui ont été grands, les ministres
comme Sully, Richelieu, Mazarin, Colbert,
Louvois, Turgot, pour l'ancien régime; le
comte Molé et le duc de Richelieu pour le
xixᵉ siècle et son heureuse période 1816-1847.

J'appelle institutions, *lato sensu*, les faits
(car en définitive, dans l'histoire, il n'y a d'une
certaine manière que des faits, des phénomènes), non plus s'individualisant en de certains hommes, de certains personnages, des
portraits, mais se généralisant au contraire,
se perpétuant en de grands corps, de grandes
masses.

Puis ces institutions m'apparaissent dans un rapport de succession, de transmission et d'hérédité, de causes et d'effets; les causes, comme toujours, sont plus importantes et plus profondes; les effets plus·saisissables et lumineux; et c'est par ces conséquences ultièmes que je termine mon tableau. J'en donnerai un seul exemple. Les communes, au xiie siècle, forment une institution que j'appelle une cause; les Parlements du xixe forment une institution que j'appelle un effet. Entre les communes et les Parlements, il y a un intermédiaire : la formation du Tiers-État, de la bourgeoisie, des classes moyennes. Pour assister à cette métempsycose, pour saisir ce Protée, il faut distinguer le fond et la forme. La civilisation, à la chute de Rome et au moment des

invasions barbares, avait passé presque tout
entière des villes dans les campagnes, puisque les vaincus étaient les hommes de la
cité, les vainqueurs les habitants de la fo-
rêt, et que lorsqu'ils commencent à s'in-
staller, ils ne le font qu'en conservant leurs
habitudes, c'est-à-dire en s'isolant sur toute
la surface du territoire, plus particulièrement sur les hauteurs où ils se fortifient.
Qu'est-ce que la commune? C'est la revanche
de ce phénomène, c'est la réinstallation de
la société humaine dans des centres, dans
des villes. De telle sorte que le Tiers-État
est la descendance directe et immédiate des
communes. La commune naît au xie siècle,
elle meurt au xive : mais le Tiers-État se développe de siècle en siècle, d'année en année,
jusqu'à ce qu'il écrive enfin le manifeste de

Sieyès. Peu importe la grandeur, l'éclat des républiques italiennes et des villes flamandes, ou bien encore de celle de la Hanse. C'est là une postérité célèbre ; mais elle a disparu, et c'est la lente génération obscure et confuse des Gaules, qui a réussi et triomphé.

II. — Je le répète, la durée et l'espace sont les deux termes faciles de l'histoire. Avec les faits commencent immédiatement les difficultés.

« Paris, le 29 juillet 1888, Mon cher ami,..... » Voilà un fait simple et élémentaire ; c'est l'atome, la cellule, la monade. Mais on sait que la cellule scientifique n'est point simple, elle est triple ; et la cellule historique, le fait, est quintuple ; il comporte, indépendamment de lui-même (dans l'espèce une lettre missive), une date, un lieu, plusieurs personnes, et de plus des formes d'expression, un dictionnaire et une grammaire, la langue française. Or, qu'est-ce qu'une langue, sinon une institution? J'arrive ainsi au cinquième et dernier terme de ma cellule en histoire, la cellule du perpétuel devenir, aussi certaine et nécessaire que celle de Virchow pour la science.

Reprenons cette analyse. Ce qui en définitive peut caractériser, préciser, distinguer les faits, les hommes, les institutions, c'est leur durée, et aussi en quelque sorte, avec leur quantité de durée, leur quantité d'importance, de masse, d'espace. Un fait se compte plutôt par ses journées, un homme par ses années, une institution par ses siècles. Il y a telle institution, par exemple la

religion chrétienne, qui remplit l'univers ;
le droit des gens, par définition, le remplit
aussi. Ce qu'il y a ensuite de plus général et
de plus vaste, c'est la langue, puis viennent
les législations ; mais la langue l'emporte
comme amplitude ; elle est la même à Londres et à New-York, le droit y est différent.
C'est ainsi que des institutions et du terme
final, je rentre dans les deux termes primi-
tifs, la durée et l'espace ; c'est ainsi que re-
vient et se replie sur elle-même, comme
pour former un cercle, cette morphologie,
cette histologie de l'histoire universelle.

Un mot encore sur les institutions. L'homme
primitif se saisit tout d'abord d'une pierre
ou d'un bâton, arme et outil ; il prend une
compagne, il reconnaît un maître, une toute-
puissance, le soleil. Ces faits primordiaux,

après d'ailleurs que par gestes ou par mono-
syllabes il aura parlé à sa compagne et à son
chien, deviendront pour les générations successives, dans la suite des âges, la propriété,
la famille, la religion, les langues et les lit-
tératures; de même que les déterminations
et les réglementations de la propriété et de
la famille constitueront l'État, les développements de l'adoration première formeront
l'Église. Lors donc qu'en histoire nous parlons des institutions qui en sont constamment le dernier mot, l'expression souveraine,
il faut, dès le début, reconnaître et procla-
mer six institutions fondamentales : la propriété, la famille, la religion, le langage,
l'État, l'Église.

1er septembre 1888.

INTRODUCTION

LA PSYCHOLOGIE DE L'HISTOIRE

« Représentez-vous les Parques de Michel-
Ange ou de Phidias; représentez-vous trois
des Muses de Raphaël au Parnasse; mieux
encore, dans une cathédrale du moyen âge,
la Foi, l'Espérance et la Charité. Ne modifiez
pas ces effigies, n'altérez pas leurs traits et
leurs visages; mais changez leurs noms;
qu'elles se transposent, du christianisme et

du paganisme, dans la métaphysique. Considérez, étudiez ces puissances, ces forces, ces grâces, ces vertus, ces croyances dans leurs ressemblances et leurs diversités, dans leurs rapprochements et leurs séparations, dans leurs intimités surtout, dans leur indivision. Appelez la première l'idée de l'espace, ou la géographie; la seconde l'idée de la durée, ou l'histoire; la troisième, celle du centre, l'idée en soi, ou l'âme humaine elle-même. Elles vont vous donner, vous jouer toute la tragédie de la civilisation, le drame entier de l'humanité. »

On dit communément que dans l'Infini il n'y a point de durée; que pour l'éternel auteur des choses, leur passé, leur présent, leur avenir, ne se séparent pas, ne se distinguent pas; qu'il les embrasse et les contemple d'un seul et unique regard tout-puissant, absolu, immuable.

Sous de certains rapports, et avec toute la distance qui sépare le ciel de la terre, la citation d'un auteur inconnu qui précède l'a indiqué, il s'effectue une vision pareille, il s'offre un ensemble analogue pour l'histoire. En effet, l'histoire n'est jamais unilatérale en quelque sorte et extérieure; elle s'accomplit, elle se produit aussi au dedans et d'une manière synallagmatique. Dans le contrat, il se présente constamment deux termes : les faits; et la connaissance des faits, les idées. Une bataille, un traité, la prise d'une ville, la promulgation d'un code, un poème d'une part; et d'autre part l'impression, le retentissement qui en résultent pour l'opinion, pour les intelligences et les âmes. De ces

deux données, l'une est fixe, invariable, c'est
le fait lui-même ou la matière de l'histoire;
mais l'autre est dans un perpétuel mouvement,
dans une évolution incessante et progressive.
Il s'agit, après le spectacle, du spectateur;
après les réalités, de leur interprétation,
de leur commentaire. Ici interviennent
l'esprit des lois, les *corsi* et les *ricorsi*, les
principes de la civilisation, les idées.

Le xix⁰ siècle a donc ses conceptions, son
entente et sa narration du xviii⁰, puis du xvii⁰,
du xvi⁰, et de tous les siècles. Il s'arrête
successivement au moyen âge, à Rome, à
la Grèce, à la Judée, pour remonter jusqu'aux origines, parvenir enfin jusqu'aux
âges du bronze, de la pierre polie et éclatée.
Mais cette histoire, que fait ainsi le xix⁰ siècle,
diffère en plus d'un point de celle qui a été

écrite par le xviiie, laquelle elle-même ne ressemble point à celle que nous a laissée le xviie; pas plus que Voltaire ne ressemble à Bossuet, Bossuet à Machiavel, Machiavel à Froissart, Joinville, Grégoire de Tours, et ainsi de suite indéfiniment.

Prenons un seul exemple : les Gracques ont-ils été considérés de la même manière, et pouvaient-ils l'être, par Tite-Live, Montesquieu, Mirabeau, Mommsen, ou encore le statuaire Guillaume au musée du Luxembourg? Il en sera de même pour Annibal, pour Mithridate, pour Alexandre, pour tous les grands conquérants asiatiques, pour l'univers entier. Herder, Vico, Groot, Curtius, ont-ils les mêmes observatoires, les mêmes enregistrements qu'Hérodote, Thucydide, Ctésias, Bérose et Manéthon?

J'ai écrit : « Nous ne nous contentons pas dans ce pays de refaire, à des époques rapprochées, notre politique; nous refaisons en même temps notre histoire elle-même. Nos jugements sur le passé se modifient avec les succès et les revers de nos différents gouvernements, Monarchie, République, Empire. » J'attribuais ainsi à la furie française, à nos entraînements subits, à nos prompts découragements, à notre facilité pour tout entreprendre et tout abandonner, comme une idiosyncrasie. Eh bien, je me trompais; ce tempérament, ce caractère n'appartiennent nullement en propre à la France, mais à toutes les nations; ils forment le patrimoine commun du genre humain.

Le problème est obscur et difficile. Il semble cependant que je l'ai, sinon mis en

pleine lumière, du moins suffisamment en-
trevu pour en faire comprendre toute l'importance, la haute valeur. Seules les sciences
mathématiques et physiques ont une immu-
tabilité qui participe de celle de leur objet,
la matière. Il n'en va pas de même pour
les sciences politiques et morales, pour les
sciences de l'esprit. Elles subissent d'éton-
nantes transformations, une prodigieuse métempsycose, sur la base fixe, certaine et
nécessaire de l'intelligible, de la substance
humaine intimement unie à la substance
divine. Les lois et les institutions, les gouvernements et les sociétés, les mœurs, les
usages, les doctrines, les systèmes naissent,
vivent et meurent. Dans leur cours perpétuel, dans leurs incessantes révolutions, ils
entraînent les faits de l'histoire elle-même;

sinon les faits, du moins ce qui leur est
intimement associé, leurs interprétations,
leurs images, leurs projections.

« Du haut de ces pyramides, quarante
siècles vous contemplent. » Or, nous aussi,
nous les contemplons; nous contemplons,
au-dessus de l'œuvre de Chéops, ce couron-
nement que lui a donné Napoléon, cette
sublime prosopopée. Mais un Égyptien, un
Juif, un Phénicien, un Assyrien, un Perse,
un Mède, un Chaldéen, un Grec, un Romain,
un Arabe, un croisé du moyen âge, un
Turc, un humaniste de la Renaissance, un
académicien du grand siècle, un encyclopé-
diste du xviiie, un érudit d'Oxford, un critique de Kœnigsberg, ont tous vu et com-
pris cette histoire de un, dix, quarante ou
quatre-vingts siècles, avec des regards

variables et modifiés, avec des âmes renouvelées et changeantes. « Le mort saisit le
vif, » disent les jurisconsultes ; en histoire,
c'est tout le contraire.

Veut-on me permettre une comparaison
encore ? L'œuvre qui s'impose à nos Fustel
de Coulanges, nos Monod, nos Lavisse, en
cet instant de la durée, en ce point de
l'espace où ils se trouvent, paraît bien être
de faire passer par le trou d'une aiguille
le chameau de l'histoire universelle. Mais
je réponds : L'âme est plus grande que
le monde.

« Le spectacle est dans le spectateur ;
l'homme fait la beauté de ce qu'il aime et
la sainteté de ce qu'il adore. » Il me plaît
de reproduire ces paroles célèbres d'un iro-
nique, d'un sceptique, car il me suffit d'y

ajouter un seul mot « partiellement », pour les transposer dans l'ordre de la croyance, les inscrire aux livres de la vérité. En effet, il n'y a point un seul *aliquid inconcussum*, il y en a plusieurs : l'âme, la substance, le Λόγος divin et humain d'une part; d'autre part un spectacle, une beauté, une sainteté, qui se présentent et existent d'une manière relative et contingente, mais certaine et déterminée dans les faits, dans l'histoire. Enfin, nos investigations, notre étude, poursuivent et atteignent un dernier terme : la connaissance, la conscience pour l'humanité de ces réalités, de ces faits; leur vie non plus externe, mais interne : ce sont les idées. Or, ces idées, leurs changements, leurs transformations ne sont point incohérentes et confuses; elles se succèdent et se développent en une série croissante, en une évolution ascendante toute pareille à celle des nombres.

L'homme, sur la surface entière de la planète Terre, à chaque moment de la durée, fait et écrit l'histoire. Or, entre les actions et les narrations, il s'établit toujours des rapprochements, des liens; il s'établit comme une *conjunctio individuam vitæ societatem continens*. Un Italien exposera toujours l'histoire du monde au point de vue de Rome; un Espagnol au point de vue de Madrid; un Anglais la décrira de son île, un Russe de cette steppe immense qui s'en va jusqu'aux pôles, un Américain du haut de la Maison-Blanche à Washington. Les naturalistes eux-mêmes, en leur contemplation, en leur étude de l'échelle des êtres, de leurs analogies, de leurs rapports, prennent quelque disposition, comme une inclination à se classer dans l'ordre des anthropoïdes, à se confondre dans un genre, une espèce, les primates. « Les peuples sont pour nous des frères, » dit une chanson. Xénophon nous a donné en grec la vie de Cyrus, et quoi qu'il en soit des hiéroglyphes et des cunéiformes, c'est en français que nous racontons la royauté des Toutmès, la politique des Téglat-Pha-lassar.

Le dedans est à la fois cause et effet du dehors, le dehors effet et cause du dedans. L'un et l'autre forment une totalité : si je l'observe dans le présent, elle est la vie ; si je l'étudie dans le passé, elle est la mort. Mais cette mort ou l'histoire, nous lui donnons notre souffle, nos passions, nos croyances ;

nous l'animons, nous la ressuscitons ; j'allais dire nous la créons. Ces tissus de l'antique Orient, dans la cyropédie, l'égyptologie, l'assyriologie, sont déroulés, étendus, par des mains étrangères, grecques, celtiques ou germaines, et qu'elles l'aient voulu ou ignoré, elles y ont toujours mêlé leurs propres fils, ajouté leurs couleurs nationales. Il y a longtemps que je n'ai visité Pompéi ; mais la dernière fois, j'y étais arrivé par le chemin de fer, et on m'assure qu'aujourd'hui on s'y promène en tramway.

Je conclus : il y a trois termes : 1° la substance, le Λόγος ; 2° la conscience, les idées, le spectateur, le subjectif ; 3° les faits, le spectacle, l'objectif.

Or, il faut remarquer que le second et le troisième terme ; que le subjectif et l'objectif, présentent une communauté, une in-division, des actions mutuelles et réci-proques, des échanges incessants, continus, sous la loi d'une progression mathéma-tique.

La loi elle-même n'est que la transmis-sion souveraine du parfait dans l'imparfait, de l'absolu dans le relatif, de l'infini dans le fini, la création permanente, l'éternelle sanctification. La psychologie de l'his-toire se démontre ainsi comme triple et une.

Post-Scriptum. — J'imagine Jules César à cheval; il passe le Rubicon, et une femme, une Muse, Clio, lui présente un miroir. Or, non point une seule, mais plusieurs effigies du héros s'y reproduisent, tout autant que

depuis sa mort il s'est écoulé de cente-
naires.

« . . . . *Facies non omnibus una*
Nec diversa tamen qualem decet esse sororum. »

3 Février 1888.

NOS HISTORIENS

GUIZOT, TOCQUEVILLE, THIERS [1]

Messieurs,

I. — J'ai eu souvent l'occasion de le dire,
de l'exposer, l'histoire et la politique présentent un objet commun : les actions des
hommes, leurs intérêts, leurs passions, leurs
caractères, la paix et la guerre, les traités,
les institutions, l'industrie, le commerce, en

1. Conférence faite à l'hôtel de Condé, le vendredi 21 septembre 1888.

un mot tout ce qui constitue l'activité, le domaine du genre humain. Quelle est la différence? Elle est capitale, elle est décisive. La politique s'occupe du présent, l'histoire s'attache au passé; la politique est la science de la vie, l'histoire est la science de la mort.

Il y a une comparaison que je répète volontiers : lorsque je fais de la politique, je lutte contre les lions vivants et rugissants; quand je fais de l'histoire, ces lions sont empaillés, il est plus commode alors de s'asseoir sur leurs croupes et de tirer leurs crinières. De là ce choix que j'ai fait des historiens que j'appelle mes maîtres, parce qu'en ce siècle ils ont été, non seulement des historiens, mais aussi des politiques, des hommes d'action, de gouvernement. Je me propose d'examiner, d'étudier dans leurs actes, dans leurs œuvres, dans leurs travaux, surtout dans leurs travaux, Guizot, Tocqueville et Thiers.

II. — FRANÇOIS GUIZOT, 1787-1874. — J'ai eu souvent l'occasion de voir Guizot et de m'entretenir avec lui ; mais certainement mon entrevue principale est celle que j'ai eue au Val-Richer, tout au commencement de septembre 1870. J'arrivais triste, découragé, disposé à ne plus faire de politique, et à ne pas me présenter aux prochaines élections. Le Val-Richer est une demeure grave, sévère : je fus introduit d'abord au rez-de-chaussée, dans le grand salon. Les personnes de la famille me dirent que Guizot était souffrant, mais qu'il me recevrait cependant, et on me fit monter dans son ca-

binet, au premier. Je lui exposai mes doutes,
mes incertitudes, mes idées d'abstention et
de retraite. Ce vieillard de 83 ans les repoussa
avec beaucoup de décision et de hauteur; il
m'amena à sa pensée, et, l'entretien terminé,
il se leva. Voici ses dernières paroles :
« Je m'assure que vous allez partir pour
votre département. » En les prononçant, il
était debout, la main droite dans sa redin-
gote, la main gauche appuyée sur son bureau
de travail (qui, sans doute, avait précisément
la même hauteur que le marbre de la tribune à la Chambre des députés), il repro-
duisait l'attitude, la pose du célèbre portrait
par Paul Delaroche. Guizot est là tout entier, avec son ardeur indomptable, sa fierté,
son courage, un peu d'appareil et de solen-
nité.

Parlons de ses ouvrages; le nombre en
est considérable. Il y en a un parmi eux
que je préfère de beaucoup à tous les autres
et que j'appelle « mon livre »; je ne m'en
sépare guère, même en voyage : ce sont les
cinq volumes de l'*Histoire de la civilisation
en Europe et en France*. Dans ce grand et
beau livre, l'auteur entrevoit dès l'origine
les trois éléments constitutifs de la civilisation : le christianisme, les Romains, les Germains. Plus tard, dans leur évolution, dans
leur développement, ils deviennent, particulièrement en France, qui est le centre même
et comme le foyer de toute l'histoire de l'Europe, l'Église, la féodalité, la royauté, les
communes. Guizot tout de suite saisit d'une
main ferme et vigoureuse ces sept éléments,
ces sept principes; il les étreint, il ne les

lâchera plus, et au travers de toutes les vi-
cissitudes de l'histoire, depuis la chute de
l'empire romain jusqu'à la Révolution française, il éclairera par leurs flambeaux, il don-
nera l'intelligence par leurs projections, pendant 1400 ans, des faits, des événements, des
hommes, des institutions. Après cet ouvrage,
celui que je retiens, ce sont les *Mémoires
pour servir à l'histoire de mon temps*, une
production de la vieillesse, mais d'une verte
vieillesse. Il semble que dans cette période
de la vie, lorsque les choses et les hommes
nous échappent, se soustraient à notre at-
teinte, à nos efforts, les grands esprits ne
puissent plus, repliés comme ils le sont sur
eux-mêmes, qu'écrire leurs propres souve-
nirs, que reproduire au dehors et pour le
public ce qu'ils retrouvent en eux-mêmes

et au dedans. Je l'ai remarqué pour plus
d'un écrivain, et j'insiste sur Guizot.

En effet, après ces deux livres principaux,
il y en a plusieurs autres que, malgré mon
respect, mon admiration, j'apprécie beaucoup moins, je pense à l'*Histoire de la
Révolution d'Angleterre*, je pense aux publi-
cations, dont je ne me rappelle même plus
exactement les titres, sur les États-Unis
d'Amérique. Selon moi, la pensée de Guizot
embrassait surtout la France et l'Europe,
l'Europe dans son ensemble, dans ses géné-
ralités; mais les destinées particulières de
l'Angleterre, la mission propre des États-
Unis, il ne me paraît pas que Guizot les
ait pénétrées intimement, saisies vigoureuse-
ment. Il y a là — comment dirai-je? — un peu
de rhétorique, un peu d'Académie, presque

de la scolastique, et les défauts apparaissent bien davantage, lorsque, frappé par les événements après février 1848, il veut intervenir encore dans nos affaires par une série de petites brochures qui ont d'ailleurs disparu. J'en relèverai une seule. En 1850, les vieux partis opposaient au chef de l'État un général; de là cet opuscule, dont la conclusion était : « Il nous faut ou Monk ou Washington. » A ce moment, j'étais un jeune et ardent fonctionnaire du gouvernement d'alors et je répliquai vivement : « Pour Monk en France, il est trop tard; pour Washington, il est trop tôt; Guizot ne comprend plus. » A une autre époque, il avait beaucoup, il avait tout compris.

J'arrive à sa doctrine, puisqu'il est avant tout l'homme d'une doctrine et son représentant. Voici comment je l'ai définie depuis longtemps : « La raison gouvernant le Tiers-État, le Tiers-État gouvernant la France et le monde. » Je crois qu'il n'est pas nécessaire d'insister longuement pour qu'on en aperçoive à la fois la hauteur et aussi le néant, mais plutôt la hauteur; j'y reviendrai d'ailleurs au cours de mon exposition.

Un dernier mot : mes jeunes et savants maîtres, auxquels je dois tant, me parlent volontiers et avec quelque insistance, un peu de dédain peut-être vis-à-vis des anciens, eux qui sont nouveaux, de l'analyse, des textes, des documents. Or, je voudrais bien savoir qui plus que Guizot, professeur d'histoire à la Sorbonne dès 1813, secrétaire général du ministère de l'Intérieur dès 1814, a manié des documents et des textes. Voyez ses 31 volumes de *Mémoires pour servir à l'Histoire de France*; voyez ses 26 volumes de *Mémoires pour servir à l'Histoire de la Révolution d'Angleterre*; comptez. Ah, vous êtes des Bénédictins! Mabillon lui-même, pour le *De re diplomaticá*, a-t-il déchiffré plus de manuscrits et d'écritures?

III. — ALEXIS DE TOCQUEVILLE, 1805-1859.

— Dans une période de ma vie, qui a été comme un repos bien court entre ma carrière administrative et ma carrière parlementaire, j'avais projeté un voyage aux États-Unis. Par des circonstances indépendantes de ma volonté, mon voyage a fini sans avoir commencé, par la visite de ma cabine dans le port de Liverpool, sur le navire l'*Arabia*. J'ai conservé cependant plutôt un bon sou-

venir de ce mécompte, parce que je lui dois
plusieurs entretiens en tête-à-tête avec Tocqueville. Il y a un détail qui présente quelque
intérêt : à chaque fois il me plaçait en
pleine lumière pour mieux observer sur
mon visage l'effet de ses paroles, tandis que
lui se retirait dans l'ombre, à la façon des
oracles. Il avait donc eu la bonté de faciliter
et de préparer tout ce voyage. Comment?
En me racontant de nouveau, à environ
vingt-cinq années de date, le sien propre, et
son livre de la *Démocratie en Amérique*, un
de ces ouvrages encore dont je ne me sépare pas beaucoup plus que de l'*Histoire de
la civilisation* de Guizot.

Guizot avait pénétré dans la durée; Tocqueville a scruté l'espace. D'autres avant
lui avaient longuement raconté la démo-

cratie d'Athènes, de Rome ou de Florence;
il est le premier qui nous ait décrit l'égalité des conditions dans le Nouveau Monde :
égalité des conditions, libertés publiques,
indépendance du citoyen et de l'homme,
autrement fortes et puissantes que toutes
celles du monde ancien.

Là se trouve le principal titre de Tocqueville à ma louange, à mon affection. Il
en a d'autres, à coup sûr, et cependant, si
je suis exigeant et sévère (quelques juges
dans lesquels j'ai confiance, me reprochent
de l'être trop) je n'approuverai pas autant
qu'on le fait en général l'*Ancien Régime et
la Révolution*. L'auteur à cette époque était
mélancolique, affaibli, phtisique, et il semble
en vérité que dans ce linceul dont il allait
bientôt être enveloppé, lui-même envelop-

pait et l'ancien Régime, et la Révolution, et
l'Empire, et le passé et le présent, presque
l'avenir; alors ces élans désespérés, ces vi-
sions prophétiques et sombres, ces intui-
tions d'outre-tombe me fatiguent et me las-
sent, car je veux vivre, et je sais bien que
ni la civilisation de la France, ni la civilisation du genre humain ne périront.

Tocqueville non seulement a une doctrine
de la démocratie, cela saute par trop aux
yeux sur la couverture même de son livre,
mais il se confie, il croit à deux choses :
aux institutions et au bien; il est à la fois
moraliste et législateur. C'est un double et
beau mérite dont les termes volontiers font
bon commerce et s'entendent. En effet, le
juste étant l'objet du droit, quel est son voi-
sin immédiat et le plus rapproché, sinon le

bien, le devoir, la vertu du moraliste? Un souvenir de l'antiquité me traverse l'esprit. Quels sont les deux représentants les plus éminents du droit romain, de ce qu'on a appelé la raison écrite? Ulpien et Papinien. Or, l'un et l'autre méritent le beau nom de stoïciens; l'un et l'autre sont tombés comme des martyrs.

IV. — **ADOLPHE THIERS, 1797-1877.** — De mes maîtres, celui dont les destinées ont été le plus mêlées avec les miennes, c'est de beaucoup Thiers. En effet, aux élections générales de 1863, de 1869, de 1871, nous avons trois fois été élus ensemble, et pendant treize années nous avons siégé sur les mêmes bancs parlementaires. Parmi nos nombreux entretiens, nos nombreuses entrevues, une surtout me paraît d'une haute importance, et j'en donnerai tout le récit : Le lundi 8 août 1870 au soir, je cherchais une place dans le chemin de fer à Trouville, lorsque Thiers, qui occupait un compartiment réservé, m'ayant reconnu, m'appela et m'invita à monter. Je me plaçai donc auprès de lui dans le wagon où se trouvaient déjà, avec les personnes de sa famille, MM. Barthélemy Saint-Hilaire et Ernest Duvergier de Hauranne. La conversation s'engagea presque immédiatement ; elle ne cessa qu'à Mantes au petit jour, et eut lieu exclusivement entre Thiers et moi. Je crois pouvoir la résumer exactement par les paroles qu'avant la séance du 9 août, vers une heure, Thiers adressait en ma présence, dans une de nos salles d'attente, à M. Le Joindre, député de la Moselle : « Il y a un mot que j'ai déjà prononcé à une autre époque et que je commence à répéter : La République est le gouvernement qui nous divise le moins. » Le matin même, et en prenant congé à la gare Saint-Lazare, j'avais dit à Thiers sur le marchepied de notre wagon : « Pour moi, je demeure fidèle à vos enseignements et je respecte le gouvernement légal de mon pays. » A quoi il avait répondu : « Mais vous ne voyez donc pas que votre gouvernement légal est le gouvernement illégal ? » Je reprends et je dis que ces deux citations rendent un compte vrai de l'attitude et de la politique de Thiers dès le 8 août et la première nouvelle de nos désastres. Immédiatement il préparait sa complicité avec le

4 septembre, et par cette complicité sa présidence de la République que déjà il avait convoitée en 1848. Dans cette nuit donc du 8 août, il voyait avec l'invasion, la chute de l'Empire, la Révolution, son propre avènement comme chef du pouvoir, et lorsque, dans tout ce long entretien, revenaient sans cesse les paroles : « Nous allons assister à des événements déplorables, vous entendez bien, déplorables », il était évident, à cette vivacité qui ne lui laissa pas un seul instant de silence et de sommeil, à un je ne sais quoi répandu dans toute sa personne, qu'il éprouvait ce qu'a si bien exprimé notre grand tragique.

> Quelque maligne joie en son cœur s'élevait,
> Dont sa gloire indignée à peine le sauvait.

L'homme est là tout entier; il est pris sur

le vif, dans l'une des crises les plus graves, la plus grave peut-être de son existence : le succès, le pouvoir, le gouvernement, par tous les moyens et à tout prix; je le dirai résolument, et il est temps, *per fas et nefas*.

Parlons de ses livres, parlons de ses travaux, puisque aussi bien je les admire. Je distingue trois phases, trois périodes : avant 1830, journaliste, mais un journaliste comme si Guichardin, Commines ou Tacite l'avaient été. Depuis 1863, jusqu'en 1870, ses discours; ils sont de beaucoup les premiers, les meilleurs, parce qu'il avait à cette époque tout le loisir de les bien préparer, de les conduire jusqu'à la perfection. Un matin que je me trouvais dans son cabinet, après quelques courts instants d'entretien : « Laissez-moi, me dit-il; je travaille depuis le point

du jour et il est midi; je suis à jeun, mais
ma besogne est achevée. Voici la troisième
rédaction de mon discours. » Et il en jeta
les pages au feu, car je n'ai pas besoin de
dire qu'il était trop grand orateur pour jamais lire. Mais voyez à quel point il poussait
le soin, l'attention, le dévouement inépui-
sable. Toutefois, le chef-d'œuvre c'est l'*Histoire du Consulat et de l'Empire faisant suite
à la Révolution française,* 20 volumes 1842-
1862. Napoléon, guerrier et conquérant, politique; diplomate : le Concordat ; législateur : le code civil; administrateur : le
Conseil d'État. Quel héros, quelle épopée!
Une épopée aussi belle que celle des Croisades ou d'Homère! Après l'œuvre, consi-
dérons l'ouvrier, et cette préparation inouïe,
unique, ces procédés sublimes et magni-

fiques, cette méthode qui lui a été donnée des mains de la destinée. Il s'agit de sa vie politique. Président du conseil le 1er mars 1840, il va, pour un pacha d'Égypte, mettre le feu aux quatre coins de l'Europe; mais son maître, prudent et sage, le brise et le remplace par l'un de ses agents, notre ambassadeur à Londres, qui d'ailleurs avait été un serviteur plus ou moins fidèle de son chef. Ce pouvoir, que le roi Louis-Philippe Ier lui a enlevé, il ne le retrouvera plus. Alors il commence à écrire son histoire. Il est rappelé cependant, le 24 février 1848; il redevient président du conseil pendant une heure ou deux; il tombe, puis il reparaît. Il rêve la présidence de la République; elle lui échappe, il conspire, il est enfermé à Mazas, conduit au pont de Kehl. Il verse alors des larmes abondantes, et il reprend sa plume d'historien pour ne plus s'en séparer. Il continue son œuvre. Cependant voici que le second Empire inquiète, trouble, défie l'Europe, comme le premier. Les fautes s'amassent; nous sommes en 1862, les jours de l'opposition parlementaire vont réapparaître. Thiers se dresse et frémit. Il aperçoit tout à l'heure la tribune, il y monte, mais son livre est terminé.

Je voudrais juger cet esprit et ce caractère. En vérité, lorsque je le lis, — et je le lisais encore ce matin, — les mains me tombent; je ne connais nulle part un bon sens aussi achevé, une sagesse aussi accomplie, une raison plus droite et plus haute, et pendant ce temps, à côté des écrits je me rappelle les actes. Le caractère avait aussi des charmes, une bonhomie, une aisance, une familiarité, des grâces particulières.

V. — Après ces trois grands noms, il y en aurait d'autres encore. Il y aurait les contemporains, les vivants; je préfère m'abstenir. Il y aurait Mignet, Michelet, Augustin Thierry. Mais je passe, car quelques rapprochements, quelques comparaisons, des parallèles me poursuivent et me hantent. Je voudrais les dire brièvement.

Bossuet se place dans la raison divine elle-même, il l'habite et c'est là qu'il voit, qu'il expose, qu'il raconte les époques, les âges du monde, la suite de la religion, les empires. Guizot est son émule, son rival, avec la différence des temps; il s'installe, il siège au sein de la raison humaine. Devant elle passeront les siècles, les peuples, les institutions, les événements, les phénomènes variables, contingents, mobiles.

Il va de soi que l'auteur de l'*Esprit des Lois* se préoccupe avant toute chose des lois apparemment et des législations. Mais il est aussi un moraliste. On se rappelle dès le début tous ces principes, tous ces ressorts : la crainte, la vertu, l'honneur. Il est donc le maître de Tocqueville ; un double et même caractère les marque l'un et l'autre. Quant à la méthode, elle présente aussi quelque ressemblance, quelque analogie ; Montesquieu avait passé la Manche pour nous enseigner et nous instruire ; Tocqueville a traversé l'Atlantique.

J'ai dit que Thiers ne connaissait que les faits et le succès. Est-ce la première fois qu'un grand homme, qu'un grand historien n'ait point d'autre règle, d'autre principe, ni d'autre maxime ? Je me trouve transporté immédiatement au XVIe siècle et à Florence. Je retrouve l'*Historiarum scriptor*, avec qui j'ai passé bien des heures sous les portiques des Uffizi, Machiavel. Il y a deux différences[1], l'une pour le bien, l'autre pour le mal. Machiavel était un patriote. *Patriam dilexit,* a-t-on voulu inscrire aussi en l'épitaphe de 1877. Je ne le conteste nullement. Il m'a toujours paru que la statue tenait à son piédestal et l'aimait. Le piédestal ici, c'est la France. Mais Thiers est profondément spiritualiste ; là est peut-être sa gloire

1. J'en omets à dessein une troisième, que « Machiavel est trop ramassé et trop concis au regard de cet infatigable allongeur. »

la meilleure et la plus pure. Or, j'ai jugé
le Florentin et je répète mon jugement :
« Quant à Machiavel, en le lisant, on croit
tomber du monde de l'intelligence et de la
vertu dans ce monde inférieur où ne se
trouve plus que la vie animale, et dans les
luttes incessantes, épouvantables, fatales,
que s'y livrent les organisations dénuées de
raison. Ce n'est plus l'homme en vérité,
c'est la bête. Elles sont de Machiavel, ces
maximes où il recommande au souverain
« de bien faire la bête » et où, dans l'histoire naturelle, il choisit avec soin les
modèles à réaliser, les caractères à prati-
quer. »

VI. — Quelques mots encore et je termine. Certainement l'opinion publique,

entre Thiers et Tocqueville, choisit le premier. Cette opinion, je la récuse, et je re-
vendique mon droit individuel de pro-
noncer. Le héros de l'un est Napoléon; le
héros de l'autre, Washington. Lorsque je
fais de l'histoire, je suis un citoyen de l'Univers et je préfère Washington à Napoléon. Le
rapprochement qu'appelait Tocqueville, c'était
Montesquieu. La comparaison, pour Thiers,
a été Machiavel. Je n'ai pas besoin de décla-
rer ma préférence. Enfin, revenant aux principes et au sommet de ma dialectique, j'at-
tribue nécessairement la prééminence au
droit et à la morale, vis-à-vis du succès et des
faits, à Tocqueville en face de Thiers; mais le
prix je l'ai décerné à Guizot; il réside dans
ce temple serein, inaccessible des sages; il
se prosterne devant l'idéal. Je suis platoni-

cien, je suis cartésien, et je m'incline à
mon tour devant l'historien de la civilisation.

Je le sais, l'idéal n'est pas tout en ce
monde; il est même peu de chose, si je
pense aux héros, si je pense aux saints, à
ceux qui font l'histoire. Pour nous autres,
il nous est donné seulement de l'étudier et
de l'écrire. Appliquons-nous à notre mission modeste, à notre travail de chaque
jour.

VII. — CONCLUSION. — L'intelligible, ce
sont les idées. Guizot explique et comprend
les phénomènes de la vie et de la mort, la
politique et l'histoire, par l'idée du vrai;
Tocqueville par l'idée du juste; Thiers par

l'idée de la force. Il faut recourir à toutes les trois, réaliser leur synthèse, accomplir leur unité.

29 septembre 1888.

APPENDICE A

THÉORIE DE L'ESPACE ET DE LA DURÉE

I. — La science politique, dans sa recherche de la vérité, considère successivement trois termes : la vie de la nation qui est étudiée, de la France par exemple, au moment actuel ; la vie des peuples voisins, l'Angleterre, l'Espagne, l'Italie, l'Allemagne et tous les autres ; enfin la vie française et européenne, non plus dans l'espace, mais dans la durée ; non plus dans la géographie, mais dans l'histoire. Ces trois développements à coup sûr ne s'accomplissent point séparément les uns des autres, solitaires en quelque sorte, et comme des abstractions.

Il est évident qu'à toutes les époques et surtout de nos jours, chacune des frontières de chacun des États de l'Europe et du monde est incessamment pénétrée par les produits, les voyageurs, les idées de tous les autres. D'incessants et de rapides progrès en ce sens se sont accomplis dans ces derniers temps. On pourrait même affirmer que l'un des traits qui distinguent le plus le citoyen du monde moderne de l'habitant de l'ancien monde, c'est que le premier, à chaque jour, à chaque heure, est exactement informé de tout ce qui s'accomplit dans l'univers; il en a comme une aperception immédiate et une conscience intime.

C'est de lui, mais de lui seul, que l'on peut dire : « Rien d'humain ne lui est étranger. »

Ce qui pour l'espace est si visible n'est pas moins certain pour la durée. Quelles que soient de même les barrières qu'il vous conviendra d'élever, non plus de peuple à peuple et de province à province, mais de siècle en siècle ou d'année en année, il sera vrai de constater qu'il y a d'abondantes et larges communications, de fréquentes et continuelles dations, des exemples, des enseignements, qui ne s'arrêtent jamais, pas plus dans la civilisation intérieure d'un peuple vis-à-vis d'elle-même, que dans la civilisation extérieure de ce peuple en face des puissances ses alliées, ses voisines et ses rivales.

II. — Mais nous arrêterons-nous à cette surface des choses, et n'apercevrons-nous entre les trois vies d'une nation que ces rapports extérieurs, sensibles et matériels? N'y a-t-il là que des assemblages, des contacts et des collections? Ce serait demander si la nature de l'humanité est une et simple. Or elle est complexe et double; et il nous faut saisir les rapports intérieurs, inconnus, obscurs, que soutiennent avec elles-mêmes les différentes existences de la civilisation.

Ce serait en effet une science bien courte et bien erronée que de ne considérer qu'en eux-mêmes les temps et les lieux. Il y a ici un nouveau principe qui intervient d'une manière indivisible, c'est l'âme humaine elle-même, et par l'apparition de ce per-

sonnage sur la scène, tout d'abord le spectacle entier va changer.

Il faut bien voir que les peuples qui nous
entourent, par leurs mœurs, leurs gouvernements, leurs politiques, leurs conduites
et leurs destinées tout entières, exercent
une influence active et constante sur nos
passions, nos consciences, notre intelligence,
et qu'à la suite, nous ne pouvons pas ne
pas être autres et différents de ce que nous
étions auparavant.

Combien à plus forte raison ne doit-on
pas en dire autant des actions, non point
apparentes et saisissables, mais bien plus
profondes et plus efficaces d'hier sur aujourd'hui pour le même peuple; alors que
demeurent, sinon invariables et identiques,
du moins semblables ou analogues, le ter-

ritoire, la race, la langue, la nature essentielle de tous et de chacun de nous? Dans cette seconde hypothèse, en effet, à la différence de la première, il semble qu'il n'y ait point plusieurs développements divers, mais une seule et même évolution qui s'accomplit et s'écoule, perpétuelle, continue.

III. — Lors donc que j'envisage les destinées actuelles de la France, ma doctrine et ma théorie enseignent que ces destinées ont été déterminées non seulement par son existence antérieure, mais encore par l'existence voisine des pays européens. Il y a là, en quelque sorte, selon l'expression de l'ancien droit, *individuam vitæ societatem*. Il y a là comme une génération intérieure, comme une procréation intime et substantielle qui s'opère, la vie se faisant âme, et l'âme se faisant vie à son tour. La civilisation en effet agit sur l'âme, l'impressionne, la modifie ; modifiée, elle rend, elle exprime un suc différent, une civilisation différente. Il s'opère ainsi des actions et des réactions, des compositions et des décompositions, c'est une chimie ; plus qu'une chimie, un organisme, une circulation, une assimilation ; plus qu'une assimilation, une intussusception, non plus animale et matérielle, mais une intussusception dans l'ordre supérieur des idées, des sentiments, des volontés.

Le procédé consiste, pour bien comprendre en politique les influences, les efficacités, la puissance de l'espace et de la durée, de la géographie et de l'histoire, à faire apparaître un troisième terme par lequel tout s'accomplit et se réalise, l'âme humaine. Alors il n'y a point seulement deux données, l'histoire et la vie actuelle, mais il y en a trois : l'histoire, l'âme et la vie présente. De même, il n'y a point seulement la géographie et les destinées nationales, il y a trois choses : la géographie, l'âme des différents peuples, et les destinées de chacun d'eux. L'espace et la durée étaient au dehors, je les fais passer au dedans, je les introduis dans l'âme, je les idéalise.

IV. — J'éclairerai ma démonstration par un seul exemple ; il est vrai qu'il est le plus grand que je puisse choisir.

Entre le christianisme et la civilisation, quels sont les liens ? Il est certain qu'il y a de premières relations extérieures et visibles, immédiates et directes; il est certain que la législation, les institutions, les enseignements, les préceptes, la morale de l'Église, ont exercé sur le cours de l'histoire et sur le sort des peuples une considérable, une décisive influence. Mais ce n'est là que le premier regard des choses, il faut apercevoir les attaches intérieures et permanentes du christianisme et de la civilisation. L'œuvre divine a été le rétablissement de l'union entre l'âme créée et le Dieu créateur. Reliée à l'origine absolue, éternelle, infinie de toute vérité, de toute pureté, de toute sainteté, l'âme a été renouvelée, rachetée, réparée. Alors du fond d'elle-même, de sa propre substance, elle a fait sortir la lumière, la vérité, le bien, dans tous les ordres, dans toutes les œuvres et dans toutes les missions de la destinée humaine. Toutes choses sur la terre ont été changées et instaurées après l'avoir été dans les cieux, puis elles se sont développées d'après les caractères et les dons de chacun des peuples de l'Europe, et c'est ainsi que d'âge en âge s'est établie dans le monde la civilisation moderne. Nous apercevons par quelle œuvre intime et profonde, par quel renouvellement des âmes, par quelle régénération elle est venue du christianisme. Il y a là une cause et un effet, un principe et une conséquence, principe souverain, cause toute-puissante, quoique médiats et indirects, l'intermédiaire n'étant autre que la rédemption elle-même, intérieure, spirituelle, unique.

Ce que je viens de dire du christianisme et de la civilisation, j'aurais à le répéter et je le répète, descendant de l'ordre divin dans l'ordre humain, pour chacune des parties de la civilisation dans l'espace et dans la durée, pour chacune des nations et pour chacun des siècles vis-à-vis des autres siècles et des autres nations.

V. — A la fin de l'année 1867, à l'automne, j'avais traversé, dans l'une de ces courses rapides qui me sont familières, Stuttgard, Munich, Vienne, Pesth, Belgrade, Bucharest, Constantinople, j'étais arrivé à Athènes, et le 5 octobre au matin, je n'oublierai jamais cette date ignorée, je me trouvais au sommet du Pentélique. Depuis long-temps je me répétais à moi-même en mes longues et continues méditations la parole profonde de l'un de mes maîtres : « Raison, raison, n'es-tu pas le Dieu que je cherche? Raison, raison, n'es-tu pas l'humanité que je cherche? Est-ce que l'espace visible et tangible serait tout l'espace? Est-ce que la durée matérielle épuiserait la notion, la réalité du temps? » J'avais autour de moi Marathon, Salamine, le cap Sunium, le Parthénon, plus loin le mont Parnasse, tous les enchantements, toutes les splendeurs de la gloire, de la civilisation, de la beauté, de l'art, de la pensée. J'étais enveloppé de cette lumière si brillante et si pure de l'Attique. Les voiles se déchirèrent, l'Histoire et la Géographie m'apparurent dans leur vérité. Elles se dépassent elles-mêmes, elles ne sont point contenues tout entières dans les limites étroites des temps et des lieux. Mais par leurs œuvres elles atteignent, elles pénètrent, elles transforment les âmes humaines, elles deviennent leur conscience, leur intimité, leur connaissance. Les âmes à leur tour renouvelées et éclairées se donnent et se répandent, elles créent les doctrines, les lettres, les sciences, les institutions, les lois, et il n'y a ainsi qu'une seule et même vie, qu'une seule et même âme, qu'une seule et même civilisation dans l'univers.

Post-Scriptum. — Je définis en ces termes le système du monde ou l'histoire universelle : c'est la manducation du Λόγος divin par le Λόγος humain.

5 octobre 1886.

APPENDICE B

DESCARTES — LES MÉDITATIONS

Trois lettres à M . R...,
Professeur de philosophie au lycée de...

PREMIÈRE LETTRE

Cher monsieur, je voudrais tout d'abord résumer nos six séances sur Descartes, notre lecture de ses méditations métaphysiques, que nous venons de terminer, avant d'étudier les réponses aux objections, réponses que je me rappelle difficiles et dures.

1° Ce qui reste du Cartésianisme et ce qui a passé dans la *Perennis philosophia,* c'est que la base même de la philosophie et de toutes les connaissances humaines se trouve dans la conscience, dans le moi. La première des sciences, aussi bien dans l'ordre chronologique que dans l'ordre logique, est la psychologie. Quand on creuse ce sujet, le dernier mot se rencontre-t-il bien dans l'intelligence comme l'entend Descartes? N'est-il pas plutôt dans la volonté, ainsi que le croit Leibnitz? Je tiens, vous le savez, pour ce dernier point de vue.

2° Après la connaissance de l'âme, vient la connaissance de Dieu; après les fondements, contemplons, admirons le faîte de ce grand édifice. Nul n'a construit une théodicée comme celle de Descartes. A l'appui, je citerai quelques exemples, je donnerai quelques preuves. On disait communément

au XVIIe siècle comme on dit de nos jours :
Dieu ne peut pas faire que les trois angles
d'un triangle ne soient égaux à deux droits.
Descartes s'élève et proteste contre ce langage. Dans l'Infini, l'intelligence ne se distingue point de la volonté ; elle ne lui impose
aucune vérité comme nécessaire, car en Dieu
il y a l'unité, l'identité, l'indivisibilité.

Puis vient la maxime célèbre : « Dieu est
la cause de toutes les choses créées, non
seulement en ce qui dépend de leur production, mais même en ce qui concerne leur
conservation ou leur durée dans l'être. C'est
pourquoi il doit toujours agir sur son effet
pour le conserver, de la même façon qu'il
lui a donné l'être. » Enfin cette proposition
qui me fait trembler et frémir jusqu'à la
moelle des os : « J'avoue franchement qu'il

peut y avoir quelque chose dans laquelle il
y ait une puissance si grande qu'elle n'ait
jamais eu besoin d'aucun secours pour exis-
ter, et ainsi qui soit en quelque façon la
cause de soi-même; et je conçois que Dieu
est tel. Il nous est tout à fait loisible de
penser que Dieu fait en quelque façon la
même chose à l'égard de soi-même que
la cause efficiente à l'égard de son effet, et
partant qu'il est par soi positivement. » En
d'autres termes : *Deus causa sui*.

3° Pour se rendre bien compte du génie,
de tous les traits d'audace et comme d'hé-
roïsme qu'il y a dans le *Discours de la
méthode* et dans les *Méditations*, il faut se
reporter, comme pour toutes les grandes
œuvres de l'homme, à la question d'histoire,
à la question d'invention et de découverte. Il

est aussi facile d'aller aujourd'hui en Amérique qu'il ne l'était pas avant Colomb, et n'oublions point en ce moment où nous sommes, dans nos études métaphysiques, que Galilée, mort en 1642, avait comparu devant le saint-office neuf années auparavant.

4° On a dit de Socrate qu'il était comme un sophiste plus habile et meilleur que les autres. Je suis tenté de nommer Descartes un scolastique de même plus instruit, meilleur, incomparable. Sa franchise, sa sincérité, qui à la fin de la troisième Méditation arrivent jusqu'au pathétique, jusqu'au sublime, m'ont vivement impressionné; et cependant, comme l'école qu'il a brisée et détruite sans retour, le pénètre encore et le possède! Comme il manque souvent à son grand principe de l'évidence, pour se complaire en d'insidieux,

inutiles et factices raisonnements, qui n'ajou-
tent rien à ce que nous savons par la vue
immédiate, précise et distincte de l'esprit.

19 novembre 1886.

DEUXIÈME LETTRE

Dans l'œuvre de Descartes, il y a deux
coups de génie à peu près aussi grands,
aussi sublimes l'un que l'autre. Ma lettre
précédente a bien saisi et retenu le premier :
c'est que pour le genre humain (et nous ne
saurions apparemment nous placer à un autre
point de vue), le centre des choses, l'ini-
tiation et le principe, la base de toute connaissance, c'est le moi.

Mais ce moi imparfait, contingent, relatif,

il suppose, il appelle l'absolu, l'éternel, l'immuable, le parfait; il ne se comprend lui-même qu'en s'élevant, se rapportant et s'unissant, créature finie, à son créateur infini, Dieu.

J'évoque dans mon esprit, non seulement les contemporains et les disciples conscients ou inconscients de Descartes : Bossuet, Malebranche, Fénelon, Pascal, Arnault, Corneille, Leibnitz ; mais je vais plus loin, je remonte plus haut, jusqu'aux Actes des apôtres, jusqu'aux Évangiles eux-mêmes ; j'écoute les premiers et les plus grands des saints, Jean et Paul, avec Pierre et les autres, et je déclare que l'homme qui a le mieux parlé de Dieu, c'est Descartes[1].

1. Mais il ne suffit pas de connaître Dieu, il faut encore l'aimer et le servir. Là est le seuil auguste, la limite solennelle et vénérable où doivent se rapprocher, s'embrasser et s'unir la raison et la foi, la philosophie et la religion.

Le point faible, c'est tout ce qui a trait à la matière, à l'étendue. Nous distinguons aujourd'hui les sciences mathématiques et les sciences physiques ou naturelles ; Descartes, avant tout, est un mathématicien. Comment s'en étonner, comment lui reprocher de ne pas connaître la physiologie (qui est la plus haute et la maîtresse de toutes les sciences, en tant qu'il s'agit de la matière et non pas de l'esprit), puisqu'elle suppose la chimie et que la chimie date de Lavoisier ? Dans l'ensemble des connaissances humaines, la science pour moi n'est qu'une servante, quoi qu'il en soit de ses prétentions actuelles, de son orgueil. Ce n'est donc point dans les circonvolutions cérébrales de la substance grise que nous trouverons le secret de la matière et de ses rapports avec l'esprit. La thérapeutique, la pathologie, la physiologie, ne nous expliqueront pas le mystère des intimités, de l'union de l'âme et du corps, du Λόγος et du Κόσμος ; la psychologie seule répondra à l'énigme, résoudra le problème, s'il est soluble. Étudions-le cependant ; nous nous rapprocherons, dans tous les cas, de sa solution par des approximations successives. Mais ne reprochons pas trop à l'auteur des *Méditations*, à cause de l'époque où il vivait, de l'avoir tout à fait ignoré, méconnu. Oh! René Descartes, vous êtes à la fois le premier des Français, le premier des chrétiens.

11 décembre 1886.

DERNIÈRE LETTRE

Vous m'avez proposé, à ma première lettre sur Descartes, une objection qui m'a paru juste et que j'accepte. Notre auteur, à plusieurs reprises, insiste sur l'activité, la volonté humaines, tout autant que Leibnitz, et plus tard que Maine de Biran. Vous m'avez rappelé notamment les passages suivants : « L'essence de l'âme, c'est la conscience d'agir ou de pâtir, de vouloir ou de connaître. Il n'y a que la volonté seule, ou la seule liberté du franc arbitre, que j'expérimente en moi être si grande que je ne conçois point l'idée d'aucune autre plus ample et plus étendue, en sorte que c'est principalement la volonté qui me fait connaître que je porte l'image et la ressemblance de Dieu. D'où est-ce que naissent mes erreurs? C'est à savoir de cela seul que, la volonté étant beaucoup plus ample et plus étendue que l'entendement, je ne la contiens pas dans les mêmes limites, mais je l'étends aussi aux choses que je n'entends pas. » Toutefois, reste le fameux *aliquid inconcussum* : « Je pense, donc je suis. » Or, en ce qui me concerne, je dis de préférence : « Je veux, donc je suis », ou mieux encore et tout simplement: « Je suis. »

Je voudrais revenir sur la discussion qui a suivi ma seconde lettre et dans laquelle nous avions un nouvel interlocuteur. Pour ce qui est de Dieu, je maintiens avec le plus grand soin la distinction élémentaire, la dis-

tinction d'école, qu'il y a entre la théologie
et la théodicée. En politique apparemment,
je conteste, je repousse la séparation de
l'Église et de l'État; je tiens avec énergie
pour l'alliance, l'entente, l'union; je tiens
pour le Concordat. Mais dans la doctrine et
la pure spéculation, je veux l'indépendance
et, je l'affirmais à l'instant, à côté et en face
de la théologie, se présente la théodicée.
Je plains Descartes et je souffre lorsqu'il
veut, par les lumières de la raison, expliquer la Transsubstantiation. Là est le mystère, la grâce, le surnaturel, la révélation;
là est le prêtre. Or, je suis philosophe.

D'un autre côté, du côté de la science,
après avoir professé le respect en présence
de la religion, je proclame toute ma supé-
riorité, ma prééminence, et je dis à cette

servante : « Balayez les portiques et les avenues de la maison, du temple. » Reste l'union de l'âme et du corps. Par la claire vision de mon esprit, sans aucun raisonnement, sans aucune objection possible et saisissable, j'affirme d'une part les deux principes ; puis, d'autre part, dans ce dualisme, l'inconnu de la jonction, de la fusion, de l'unité. Il y a là ce que Leibnitz appelle, après les *partes inclusæ*, les *partes exclusæ*. Les nombres nous en fournissent une visible et frappante image : lorsque je pose la série 1, 2, 3, 4..., quel est le nombre le plus élevé? Lorsque je pose la série 1/2, 1/3, 1/4..., quel est le chiffre le plus abaissé? De même, comment naît la matière et comment finit-elle; quand s'achève, se termine, s'arrête, et de quelle manière commence l'esprit? Volontiers je continuerai mes comparaisons scientifiques; de même qu'il se construit des télescopes et des microscopes qui nous font pénétrer de plus en plus dans la grandeur et dans la petitesse, de même nous réduirons, sinon d'année en année, du moins de période en période, le terrain obscur, mystérieux, redoutable, où se rencontrent dans leur suprême, leur ineffable étreinte, le Λόγος et le Κόσμος.

Mon ami, qui est la plus vaste intelligence que je connaisse, nous apportait hier toutes ses qualités et tous ses dons. Politique avant tout, il se présente en même temps comme jurisconsulte, historien, moraliste, théologien, artiste et orateur; il ignore seulement la science et aussi les voyages, la figure actuelle, complète, de la civilisation sur la planète Terre. Ce qu'il faut, je crois, retenir surtout de sa haute parole, de la discussion à laquelle il s'est livré avec nous, c'est ce grand principe, ce procédé salutaire, cette méthode vraie, qu'en toute matière il y a la raison de douter et la raison de décider; qu'en toutes choses il y a l'objection, la critique, la négation, et que par la vue de l'esprit observant, discernant, saisissant, il faut se tenir à une doctrine; préférer ensuite l'attaque à la défense et dire à l'adversaire : Présentez-moi votre système, j'y opposerai bien plus d'arguments péremptoires que vous n'avez fait contre le mien. La méthode de mon ami, c'est d'affirmer, de croire et de s'enthousiasmer.

Post-Scriptum. — J'ai omis la forme et la

beauté du langage. Il convient d'ajouter que, pour notre pays et aussi pour l'Europe entière, Descartes partage la prééminence avec Bossuet, Pascal, Machiavel et Cervantes. Quelle noblesse et quelle ampleur, quelle aisance en même temps et quelle facilité dans les *Méditations!* Que de verve, d'entrain, quels coups vaillamment, joyeusement assénés sur la tête des adversaires, dans les réponses aux objections! Puis, dans l'image par exemple du panier de pommes, nous retrouvons toute la grâce d'un bas-relief à Athènes, le charme d'une églogue à Syracuse.

25 décembre 1886.

APPENDICE C

LA RÉVOLUTION ET LA RÉFORME

I. — *Una quæque res eodem modo dissolvi debet quo fuit colligata.* C'est une forte et grande maxime de la raison écrite; je l'emploie souvent.

Je recourrai aussi à d'autres comparaisons. Je me rappelle avoir lu un gros volume de Claude Bernard sur *les substances toxiques et médicamenteuses:* l'auteur y démontre que dans la science, dans la nature, dans la vie, les poisons peuvent être utiles et nécessaires. Or, l'histoire c'est la vie du genre humain.

L'histoire se compose d'une série indéfinie de naissances et de morts sous la loi d'un progrès continu. La figure des nombres nous en fournit comme un modèle et une ressemblance, des symboles et une allégorie. En effet, les nombres se trouvent dans un perpétuel changement, un incessant devenir, des métamorphoses, une métempsycose sans limite et sans fin ; seul l'Infini est absolu, permanent, éternel ; l'humanité pour être immanente et stable, est-elle donc indéfectible, parfaite, immaculée ? Elle se trompe et elle pèche, elle ment. Mais insistons sur ces apparences, cette figure des nombres. Pour que 6 se développe et grandisse, pour qu'il devienne successivement 7, 8, 9, il faut bien que sa forme s'altère, se décompose et disparaisse ; il en est de même pour les peuples.

Les quatorze siècles qui forment notre ère (comme tous les historiens, je la fais commencer, *stricto sensu,* en l'année 395) ont à coup sûr leur unité, celle de notre ère elle-même. Cependant on peut y faire et y reconnaître des divisions. J'en ai établi une pour mon compte que je trouve commode ; elle se compose de deux parties à peu près égales de sept siècles chacune ; le sommet, le point de partage des eaux et des siècles, c'est l'affranchissement des communes au xii°. En deçà, nous vivons sur nos triples origines, le Christianisme, les Romains, les Germains ; au delà, ces trois principes se sont unis, mêlés, confondus ensemble, et ils ont engendré un principe nouveau, une société nouvelle, la société précisément où les communes, jouant de plus en plus le principal rôle, deviendront le Tiers-État, les nations contemporaines avec leurs libertés publiques, leurs Parlements.

Passons, et conservons purement et simplement la vieille division des temps moyens et modernes. D'après la conception, la définition même de l'histoire, le Moyen-Age devait vivre et mourir, les temps modernes devaient s'accomplir eux aussi. J'arrive d'un pas lent, mais sûr, à mes conclusions.

Il y a dans le monde des principes de composition et de décomposition, des éléments positifs et négatifs; il faut, dit la législation romaine, « colligare »; il faut « dissolvere ». Les substances toxiques, ainsi que nous l'enseigne la science, sont en même temps des substances médicamenteuses. La révolution accomplie en France à la fin du siècle dernier et qui dure encore, qui a passé de la France dans l'Europe entière, je n'en conteste ni la grandeur, ni l'utilité, la nécessité. Avant cette révolution, celle du xvi⁰ siècle, la Réforme, je n'en conteste ni la grandeur, ni l'utilité, la nécessité; mais l'une et l'autre n'ont point été des œuvres de vie, elles ont été des œuvres de mort. Il fallait bien que disparût enfin le Moyen-Age; il fallait bien que périssent aussi les temps modernes, puisque tout périt ici-bas, sinon le genre humain et son âme immortelle.

La France surtout avait fait la civilisation européenne; la France surtout devait la défaire.

Je me résume et je donne mon sommaire pour cette note : 1 — L'histoire est une série

indéfinie et progressive de faits, de phénomènes, qui constituent la vie, non plus de
l'homme, mais de l'humanité; 2 — toute vie
implique la mort; 3 — il y a dans l'histoire
des principes de vie, des organes, des fonctions et aussi des principes de mort, des
leucomaïnes, des ptomaïnes, de derniers
souffles, de derniers battements; 4 — la Révolution et la Réforme ont été grandes, utiles,
nécessaires, et..... toxiques.

II. — Le sujet est immense; je ne veux
m'arrêter en ce moment qu'à deux ou trois
points essentiels.

Ne nous lassons pas de le répéter : la civilisation c'est naître, vivre, vieillir, mourir. En principe et sauf exception, ceux qui
arrivent valent mieux que ceux qui s'en

vont : « Que celui-là soit encore plus brave que son père », dit Hector à son fils dans la belle scène des adieux. Puis la poésie a répété, jusque dans ces derniers temps, ce qu'elle avait dit aux origines : « En avant par delà les tombes. »

La civilisation du Moyen-Age procède presque tout entière du Christianisme. Or, si l'Église tient sa tête dans le ciel, apparemment ses pieds sont fixés sur la planète terre; elle vit enfermée dans l'humaine nature. Ce n'était donc pas assez pour elle d'ajouter les attaches et les dons de la grâce aux liens, aux rapports permanents, essentiels, qui se trouvent entre l'âme créatrice et l'âme créée, entre le fini et l'infini; elle prétend encore régler et assujettir toutes choses. On se souvient des luttes du sacerdoce et de l'Empire; leur retentissement, au travers des âges, se perpétue jusqu'à nos jours, et cependant elles ne sont qu'un cas particulier de la domination universelle à laquelle on a prétendu au dedans comme au dehors; car, dans cette conception, la première des sciences, la philosophie, n'est plus que *ancilla theologiæ*, si bien que, hier encore, un dernier César, jaloux à ses débuts de complaire à l'Église, enlevait à la grande science son nom, pour ne plus l'appeler que la logique.

Comment pouvait finir le Moyen-Age? En attaquant son principe même, l'Église. De là la Réforme. Aujourd'hui elle ne subsiste plus. Qu'est-ce qu'un temple, sauf ce qu'à Berlin et à Londres il peut conserver et retenir encore du Catholicisme? Qu'est-ce qu'un temple? Une Université, une Sorbonne, où l'on enseigne la morale. Or, la morale suffit-elle à l'humanité? se suffit-elle à elle-même? Revenons. A la place de la raison qui servait, Luther, Calvin et les autres ont revendiqué, comme ils en avaient le droit, la raison maîtresse d'elle-même, non point dans les choses de la foi (là se rencontrent l'erreur, la faute, l'hérésie), mais dans les choses de la raison : les sciences, les lettres, les arts, l'histoire, la géographie, la politique, le droit, tout l'ensemble des connaissances humaines. Aussi ce qui devait demeurer du xvie siècle et ce qui demeurera, ce n'est point la religion prétendue réformée; mais tout le surplus de l'œuvre : l'humanisme, la renaissance, l'imprimerie, le nouveau monde.

Je viens de disserter à l'instant sur les substances toxiques et médicamenteuses; transportées du domaine de la matière dans celui de l'esprit, en voilà une première application, et en voici une seconde, qu'elles soient si l'on veut l'une le curare, l'autre l'oxyde de carbone.

Le principe du Moyen-Age était l'Église; la cause dans les temps modernes est l'État. En face de l'Église, la Réforme a établi la raison; en face de l'État, la Révolution a proclamé les droits de l'homme et du citoyen. Dans les deux cas l'œuvre est la même, plutôt négative, destructive dans ses efforts et dans sa lutte; puis, sortant de cette thérapeutique, de cette clinique, de cette chirurgie, de ces ténèbres, l'humanité se réveille en des contrées embellies, sous un

ciel plus brillant et plus pur : *felix culpa.*
Il faut s'expliquer davantage. Que l'État
ait été utile, indispensable, toutes les anna-
les du genre humain l'attestent et le ra-
content; dans l'Orient, en Grèce, à Rome
et même de nos jours, que pouvait l'indi-
vidu livré à lui-même ou à sa famille, à
cette famille agrandie qui a pris des noms
différents et que nous appelons aujourd'hui
la commune? C'est à ce point que le premier
des peuples de l'antiquité, si sûr de lui-même
dans ses préceptes et ses définitions, disait :
patriam, parentes, faisant passer avant toute
chose, avant même nos pères et nos mères,
la Patrie, l'État. Qu'est devenu au cours des
âges ce personnage bienfaisant, nécessaire,
et puis tyrannique ainsi qu'il arrive toujours? Je vais ici me mettre tout à fait d'ac-

cord avec l'un de nos maîtres, M. Lavisse.

L'État moderne est, avant tout, un rassembleur de terre, le sol qu'il détient ne lui suffit jamais, il lui faut sa frontière des Pyrénées, il lui faut sa frontière des Alpes, il lui faut aussi sa frontière au Nord-Est, et il se rencontre toujours ainsi quelque point où le problème qui s'impose devient celui de la quadrature du cercle. Pour ses fonctions, pour son œuvre, il a deux organes principaux : la paix et la guerre, la diplomatie et l'armée; mais il se trouve que des deux l'un prime tout à fait l'autre. Cherchez, je vous prie, les périodes de paix; comptez-en les heureuses années, et votre chiffre sera bien court. Qu'est-ce qu'un traité, en définitive? Une trève, un armistice. Qu'est-ce que la paix? La plupart du temps une préparation de la guerre. Alors l'univers, sur les terres et sur les mers, sera livré jusqu'à la fin des temps à la destruction et au carnage : *homo homini lupus*. Périsse l'État!

La Révolution n'a pas dit, n'a pas fait autre chose. On l'appelle la Révolution Française parce qu'en effet, elle a éclaté à Paris en 1792 et qu'elle a depuis entraîné la France dans « une série d'aventures sans issue ». Pour moi, je la nomme la Révolution Européenne, universelle ; ou mieux, d'une manière absolue, la Révolution, aussi bien que l'on dit la Réforme ; elles sont sœurs.

L'Église dominatrice et oppressive du Moyen-Age a péri sans retour ; l'État oppresseur et batailleur des temps modernes périra lui aussi ; et alors viendront les temps nouveaux et définitifs, l'âge d'or : « la foi, la raison, la paix, la liberté, l'égalité, la charité. »

Bossuet commence par un exorde sur les époques, les âges du monde, son discours pour expliquer la suite de la religion et les changements des empires. Depuis notre ère, je considère, je contemple trois dates, trois morts, trois funérailles : 395, la civilisation romaine; 1453, la civilisation du Moyen-Age; 1871, la civilisation moderne. Ensuite, dans les bras, sur le sein parfumé d'Andromaque, j'embrasse Astyanax, l'avenir :

Καί ποτέ τις εἴπησι· « Πατρὸς δ' ὅγε πολλὸν ἀμείνων. »

Résumé. — Je crois à deux résurrections, l'une collective et sur la terre; l'autre individuelle et dans les cieux. J'explique l'histoire universelle par une assomption; j'exprime le système du monde par une ascen-

sion. Si l'on veut bien y prendre garde, il
s'agit de la célèbre doctrine de l'évolution;
mais elle est transposée, spiritualisée, idéa-
lisée. Là où le savant avait parlé de « la
lutte pour l'existence », le philosophe reconnaît et proclame « la concorde, pour le vrai,
le beau, le bien ».

26 avril 1887.

APPENDICE D

QUELQUES TYPES DE LA CIVILISATION

« Vivre c'est mourir », a dit Claude Bernard. Nos organes et nos tissus se trouvent dans un état permanent de transformations et de changements, ils se composent et se décomposent sans cesse, leurs fonctions les manifestent, les altèrent et les dépensent. Ce qui s'accomplit pour la physiologie, pour la matière, se réalise de même pour l'esprit, pour la psychologie; or l'histoire n'est que la synthèse, la représentation de l'une et de l'autre; en histoire, vivre c'est mourir. Ce n'est pas seulement à Rome, mais dans l'Univers entier, que se succèdent et se rapprochent le jour et la nuit, la grandeur et la décadence; que la Roche tarpéienne est près du Capitole.

Je vais considérer quelques types de la civilisation. Un Juif, au xie siècle avant notre ère, récitait les psaumes *A custodia matutina usque ad noctem speret Israël in Domino;* il se nommait l'élu de Dieu, il regardait avec fierté, en son humble et étroite colline de Sion, tous ces empires immenses de l'Égypte, de la Chaldée, de l'Assyrie, qui pouvaient l'oppresser, le conduire en de longues captivités, mais non pas le détruire, puisqu'il attendait le Messie.

Un Athénien, au ve siècle, passait sa vie

dans les triomphes, les extases et les délices de l'esprit. « Si la navette pouvait marcher seule, il n'y aurait pas besoin d'esclaves, » a dit Aristote. Or, puisqu'il y avait pour un homme libre neuf esclaves, la navette tissait tout le jour pendant que les contemporains de Périclès passaient, des auditions et harangues de la tribune judiciaire, à celles de la tribune politique, puis aux représentations du théâtre de Bacchus, aux fêtes de Minerve-Athéné, aussi heureux que les abeilles du mont Hymette sur les corolles et dans les calices de ses fleurs embaumées.

Un Romain du 1er siècle, au Forum, était, lui aussi, un personnage bien extraordinaire. Parmi les temples, les portiques, les colonnes et les arcs de triomphe, il se disait que les terres et les mers étaient ses tributaires; le monde connu, son domaine; le genre humain, son serviteur, son client.

Je passe au moyen âge. Quels chevaliers, quels héros, quels châteaux forts sur les collines, quelles cathédrales dans les cités, quelles châtelaines, quels chants et quelles poésies, quelles croisades; un Godefroid de Bouillon, un Tancrède, un Villehardouin, un Joinville, un saint Louis!

J'envisagerais de même les Médicis à Florence. J'évoquerais à Versailles un duc de Saint-Simon ou de La Rochefoucauld; mais je préfère résumer et conclure : deux civilisations, avec toute la différence qui sépare l'Ancien et le Nouveau Testament, ont vécu dans le tabernacle et le sanctuaire, dans la raison divine; trois civilisations se sont ac-

complies au Forum, à l'Agora, au Palazzo-
Vecchio, avec les lettres et les arts, dans la
raison humaine. Puis il semblait qu'entre
le moyen âge et la Judée d'une part; d'autre
part la Grèce, Rome et la Renaissance, une
fusion s'était consommée, et que dans toute
l'Europe, plus particulièrement en France,
une civilisation définitive était inaugurée au
xviie siècle.

Or il n'y a rien ici-bas d'impérissable et
de définitif; je prétends que nous traversons
une crise redoutable, toute pareille à celles
des xive et xve siècles, dans lesquelles se
préparaient la chute du moyen âge, les fon-
dements et l'élévation des temps modernes;
je prétends que le Juif, l'Athénien, le Romain,
toute créature humaine ayant péri, le Prussien périra, qu'il entraînera avec lui toute

cette Europe avilie, misérable, dégradée, qui l'a suivi, subi. Le Prussien, qu'il le sache ou qu'il l'ignore, est, lui aussi, « Robespierre à cheval ». De toute manière il prépare la ruine de la civilisation inaugurée en 1453, et la sienne propre; déjà dans la demeure des Hohenzollern, s'installent le drame et les fatalités. . . . .

J'arrive à ma prophétie pour les temps nouveaux : xxie siècle, je te salue.

11 août 1888.

TABLE

——

Paris. — Typ. Georges Chamerot, 19, rue des Saints-Pères. — 23402.